ÉLOGE

DE

M. PAILLET

PRONONCÉ LE SAMEDI 28 NOVEMBRE

A LA SÉANCE D'OUVERTURE DES CONFÉRENCES DE L'ORDRE DES AVOCATS

PAR

JULIEN LARNAC

Avocat à la Cour impériale de Paris

PARIS

MICHEL LÉVY FRÈRES, LIBRAIRES-ÉDITEURS

RUE VIVIENNE, 2 BIS

1857

A MON PÈRE

JUGE D'INSTRUCTION A VERSAILLES,

MEMBRE DU CONSEIL CENTRAL DES ÉGLISES RÉFORMÉES
DE FRANCE.

Paris, le 8 décembre 1857.

JULIEN LARNAC.

ÉLOGE DE M. PAILLET

Messieurs et chers Confrères,

Lorsque nos anciens ont voulu que l'éloge de M. Paillet inaugurât, cette année, la reprise des conférences, ils n'entendaient pas seulement honorer une chère et illustre mémoire ; leur pensée s'est tournée aussi vers le jeune auditoire dont c'est la fête aujourd'hui. Eux qui avaient vu, jour par jour, germer, croître et fleurir la pure renommée de leur confrère, qui avaient éprouvé en mainte rencontre la vigueur et le charme de son talent, goûté la douceur de son commerce, lu dans le livre, trente ans ouvert, de son âme, ils savaient combien sa vie est riche de nobles enseignements, de fortifiants exemples. Ils savaient qu'une telle vie retracée devant vous, même par une plume inhabile, prêterait au retour de nos travaux un plus vif attrait ; qu'elle offrirait surtout à votre émulation un modèle achevé des vertus, force et honneur de notre ordre, qui se nomment, vous le savez, Messieurs, la probité, le désintéressement, l'amour du travail, l'amour de son état, la confraternité.

Vous donc, mes chers confrères, qui préparez votre jeunesse aux rudes labeurs du barreau, écoutez cette belle vie. Mieux que les plus éloquents conseils elle vous dira ce qu'il

faut de courage, de persévérance, pour gagner le faîte;
mais aussi quelles récompenses l'équitable avenir réserve à
ceux que n'ont pas rebutés les premières épreuves. Elle
vous apprendra comment on devient, comment on vit,
comment on meurt grand avocat ! Et s'il est parmi vous une
vocation indécise que ce récit raffermisse, quelque talent
timide ou ignoré que l'exemple de M. Paillet encourage ou
fasse éclore, le but de nos anciens sera atteint; l'âme gé-
néreuse de M. Paillet, elle aussi, sera satisfaite, car même
après la mort, il aura servi le barreau !

M. Paillet est né le 17 novembre 1796 à Soissons. Son
père, notaire estimé, y avait rempli des fonctions munici-
pales. Sa famille comptait parmi les meilleures de la bourgeoisie.

Le nouveau-né (il l'a raconté lui-même — plus tard [1]) « fut
mis aussitôt sous la protection de trois saints, Alphonse,
Gabriel, Victor, » dont le patronage ne lui fit point défaut.
Ses commencements furent heureux ; et la tendresse clair-
voyante de ses parents ayant pressenti tout ce qu'une solide
instruction ajouterait en ce jeune esprit aux dons de la
nature, dès l'âge de douze ans, Alphonse Paillet venait à
Paris s'asseoir sur les bancs du lycée Charlemagne.

Là, dans l'asile élu des fortes études, initié aux éléments
par un enseignement habile [2], aux secrets de l'éloquence
par une jeune et brillante parole [3], le disciple puisa l'amour
et le sentiment profond des lettres. Les maîtres estimaient
son jugement sûr, son application ; les élèves aimaient son

---

[1] Dans une lettre à M. H. Moulin, avocat, son biographe (27 novembre 1836).

[2] M. Andrieu, qui a été le professeur de MM. Villemain, Chaix-
d'Est-Ange.

[3] M. Villemain.

caractère. Chaque année, le nom de Paillet retentissait vainqueur en Sorbonne, salué de longs applaudissements.

Cette gloire précoce ne l'enivra pas; dédaignant les succès faciles, parmi les voies ouvertes à son ambition sa volonté réfléchie choisit la plus longue et la plus rude. Il avait le cœur haut, la conception prompte, l'esprit droit, la mémoire sûre et ornée, le travail familier, le tempérament robuste : il pouvait, il devait être avocat.

L'École de droit de Paris s'ouvrit au nouveau bachelier. En même temps les conseils d'un père expérimenté plutôt que son inclination le poussaient vers la pratique des affaires. Mais la procédure, telle qu'elle s'impose aux néophytes, lui parut une divinité si sévère qu'il déserta son culte après les premiers sacrifices.

M. Paillet père ne se découragea point. Il tenait fermement et avec raison au plan tracé ; il pensa que l'initiation de son fils avait été mauvaise et il le fit revenir à Soissons. Là, il lui présenta la procédure sous les traits d'un avoué-plaidant de la ville, aimable, instruit, et qu'il faut nommer ici parce que les succès d'Alphonse Paillet au barreau sont un peu son œuvre : M. Tétard l'institua sur-le-champ principal clerc. Il savait que l'âme élevée du jeune homme serait flattée d'une telle confiance, et que son intelligence la justifierait bientôt. Ses prévisions furent dépassées ; après deux ans d'une pratique opiniâtre, qu'éclairait l'étude assidue de la théorie, le lauréat de Charlemagne pouvait subir avec honneur les épreuves de la licence. Mais l'un des professeurs de la Faculté avait scrupuleusement noté les absences d'Alphonse Paillet égales en nombre à ses leçons ; il refusait obstinément son visa. Des amis intervinrent. — « L'étudiant était laborieux... deux familles attendaient son diplôme pour le marier. » —M. Delvincourt céda enfin, et Paillet conquit le même jour le droit d'épouser et celui de plaider.

Ses débuts à Soissons furent applaudis. Ils révélaient un esprit clair, méthodique, délicat, rompu par de salutaires épreuves aux formes judiciaires. Après six ans, sa réputation avait franchi les limites du département.

Toutefois l'émulation languit dans les tranquilles douceurs de la province. M. Paillet redoutait pour lui ce danger. Il n'était ni ambitieux ni chimérique, loin de là ; mais il se sentait vivre, et je ne sais quel instinct, quelle prescience confuse de l'avenir évoquant en lui le rêve magique de cette capitale du mouvement, de l'intelligence et de la gloire, de ce grand Paris, théâtre de ses jeunes triomphes, lui disait en secret : ta place est là !

Le projet pouvait sembler téméraire. Jamais l'éloquence judiciaire n'avait rayonné en France d'un plus éblouissant éclat. Aux premiers rangs du barreau de Paris se pressaient dans toute la vigueur de l'âge et du talent : MM. Dupin, Tripier, Hennequin, Persil, Mauguin, Berryer, Mérilhou, Barthe... derrière eux de jeunes voix s'élevaient, bientôt les émules de tels maîtres.

M. Paillet ne consulta que son courage. La Fortune qui aime et qui favorise, dit-on, les audacieux, l'attendait sur le seuil de notre Palais lui réservant une de ces occasions rares dont le talent seul sait profiter.

Le dimanche 10 octobre 1824, M. Paillet entre obscurément à Paris. Le même jour, presque à la même heure, un homme franchissait la barrière de Vincennes, les mains sanglantes et poursuivi par les imprécations d'une multitude indignée. Bientôt la nouvelle, les détails de son crime, son nom circulent dans la ville immense : c'est Papavoine, du village de Mouy. Il a vu pour la première fois sous les ombrages de Vincennes deux frères, deux enfants ; il a couru s'armer d'un couteau et bondissant comme une bête fauve sur cette double proie, il l'a égorgée en plein jour, sous les yeux, dans les bras d'une mère... Le voilà dans la main de la justice ; mais de bizarres rumeurs égarent les recherches ; présomptions, conjectures, révélations, tout n'est qu'erreur et mensonge. Déjà le jour du jugement se lève, trop lent au gré d'un public frémissant, et le mobile du crime échappe encore.

Les débats s'ouvrent. A peine l'élite des curieux a pu pénétrer dans la vaste enceinte. Le procureur général Bellart a rédigé lui-même l'accusation. M. de Peyronnet, fils du garde des sceaux, l'a soutenue. La mère des victimes, au récit du meurtre, à la vue de l'assassin et du poignard, devant les dépouilles ensanglantées de ses enfants s'est évanouie... la foule murmure contre Papavoine un verdict de mort !...

Que pourra la défense ? n'est-elle pas d'ailleurs confiée par des amis, imprudents sans doute, à une parole jeune, inconnue, qui n'a jamais affronté les périls de la Cour d'assises ? Cependant l'avocat se lève. Sa haute taille, son maintien réservé, sa figure énergique et fine fixent les regards... bientôt les passions se taisent ; l'accusé n'est plus un monstre ; sa main seule, esclave d'une imagination depuis longtemps en délire, fut coupable. Les faits, la science, l'humanité le proclament : Papavoine n'est pas un assassin, c'est un fou !

Il dit, et la fureur se tourne en pitié, et dans l'auditoire ému sous sa parole convaincue, sensée, ingénieuse, souvent éloquente, le crime est oublié, Papavoine a disparu ; un nouveau nom court de bouche en bouche... « C'est M⁰ Paillet !... de Soissons... » Chacun veut le contempler, l'approcher, lui parler ; mille mains étreignent les siennes ; M. Berryer, ancien déjà de gloire sinon d'années, l'embrasse en pleurant, et la voix doublement autorisée de M. Bellart le salue un des futurs maîtres du barreau français !

Malgré ce succès inespéré, Papavoine fut déclaré coupable. Lucide et calme devant ses juges, menaçant dans les fers, il rendait, comme à dessein, sa folie suspecte et sa vie redoutable. En vain son défenseur, suivant un géné-

reux exemple de M. Philippe Dupin[1], l'assista devant la
cour suprême : l'avocat dut céder la place au confesseur.

Le procès Papavoine avait profondément remué l'opinion. Le nom de M. Paillet s'en était dégagé avec éclat;
mais de longues épreuves l'attendaient encore.

Si le génie improvise les grands artistes, le temps qu'un
travail intelligent féconde fait seul l'avocat. M. Paillet ne
l'oublia jamais. Il n'était pas de ceux que la louange exalte
ou énerve, mais de ceux qu'elle aiguillonne. Le jour de son
premier succès, tout en faisant la part de la bienveillance,
il résolut de justifier la haute opinion des maîtres et d'atteindre un jour les sommets promis à sa vaillante jeunesse.
On le vit alors, avec une sagesse peu commune, s'enfermer
dans la pratique lente, ignorée, pénible, des petites causes
civiles. Longtemps sa clientèle fut rare et d'humble appa-
rence. Le modeste patrimoine du père de famille ne venait
que trop souvent en aide aux ressources de l'avocat. Mais
ni le regret du passé ni l'impatience de l'avenir ne le troublaient. Semblable à Cochin, à Gerbier qu'on avait vus
« riches de leur propre fonds non moins que des conquêtes
de l'étude, se consacrer l'un et l'autre, après des débuts
éclatants à la retraite, pour y puiser des forces égales aux
devoirs de leur profession[2], » M. Paillet posait presque à
l'écart, mais avec une invincible constance, les fondements
de son élévation future. Une affaire lui était-elle confiée,
aride, spéciale? Peu importe : pour lui c'est l'objet d'une
étude générale, élevée, féconde. Tous les principes, toutes
les lois de la matière sont explorés; sur chaque point, il se
crée à lui-même un recueil de la doctrine et de la jurispru-
dence, et de ces recherches habilement combinées naît une

[1] Dans l'affaire du forçat Coigniard, devenu lieutenant-colonel et
comte de Sainte-Hélène.

[2] M. Delangle, bâtonnier, discours d'ouverture à la conférence
de 1836.

plaidoirie substantielle et nerveuse. En même temps le culte des lettres assouplit son esprit. Déjà quelques observateurs attentifs vantent les mérites croissants du jeune avocat. Un jour même, M. Hennequin rappelle avec éclat au Cercle des bonnes études « la cause redoutable de Papavoine et le beau talent déployé par son défenseur[1]. » Mais ces éclairs de célébrité s'éteignent vite, et s'ils fortifient un moment le courage de M. Paillet, ils le laissent six années en proie à l'obscur et laborieux enfantement de sa renommée.

Enfin le temps des épreuves est passé. C'est en juillet 1830. Le gouvernement, la magistrature, les chambres vivifiées par l'élite de l'Ordre ont ouvert au barreau des successions opulentes. M. Paillet était prêt à recueillir sa part du glorieux héritage. En 1831 il entre dans le Conseil qu'il ne devait quitter qu'avec la vie. Dès lors, chaque année, son talent, sa clientèle s'élèvent.— Toutes les juridictions l'entendent, — les grandes causes le réclament, — les compagnies s'éclairent de ses conseils[2], — les intérêts civils et criminels invoquent son appui, — les admirations jadis éparses et discrètes se groupent hautement autour de sa renommée grandissante. — Son nom franchit l'enceinte dn palais : il pénètre dans le public, il arrive jusqu'au roi. En 1838, M. Paillet reçoit la croix de la Légion d'honneur, distinction doublement précieuse, car elle ne fut point sollicitée et elle honorait en lui le simple avocat homme de bien. Enfin en 1839, les suffrages de ses confrères le portent au premier rang : il prend place sur ce siége qu'ont illustré avant lui les Delacroix-Frainville, les deux Dupin,

---

[1] *Gazette des Tribunaux*, 11 février 1826.

[2] La banque de France, l'association des artistes musiciens, les hospices, la préfecture de la Seine, plus tard la liste civile. M. Paillet a figuré aussi pendant quinze ans parmi les juges-suppléants du tribunal civil de la Seine, à côté de MM. Philippe Dupin, Chaix-d'Est-Ange.

les Delangle. — M. Bellard l'avait prédit : le défenseur de Papavoine est devenu chef élu du premier barreau du monde.

Désormais son existence s'écoule active et laborieuse toujours, mais renfermée dans l'exercice longtemps exclusif de sa profession. Si plus tard de nouveaux honneurs couronnent sa carrière, ils ne le détourneront jamais du Palais. Il y vient, il y brille tous les jours. Entrons donc avec lui à l'audience; en étudiant son talent, nous y surprendrons en partie le secret de son élévation suprême.

Quoique M. Paillet se soit révélé à Paris dans une cause criminelle, c'est aux intérêts civils qu'il a de préférence accordé son ministère. Sa nature, ses études le portaient vers les luttes où la raison servie par une parole savante et contenue triomphe de la passion éloquente; elles le rendaient aussi merveilleusement propre à l'œuvre multiple de l'avocat civil telle que l'ont créée les innombrables nécessités de la vie moderne.

Aujourd'hui, en effet, peu de plaidoiries solennelles. Plus de ces discussions qui absorbaient sur un seul point durant plusieurs audiences la majestueuse attention des parlements; or le langage de M. Paillet était simple et mesuré comme sa pensée. Aujourd'hui des espèces variées, des détails de mœurs, d'art, de science, d'industrie; or M. Paillet pouvait tout comprendre, tout s'assimiler, tout reproduire.

Il fallait l'entendre dans un procès compliqué exposer l'affaire. L'auditoire ne soupçonnait pas que son récit limpide était naguères dans la bouche du client, dans le dossier, un abîme d'incohérence. Le juge lui-même ignorant les ténèbres évitées, se laissait doucement aller au plaisir d'une narration lumineuse. Sur la trace de ce guide aimé, il cheminait d'un pas sûr et léger dans la cause.— Tout est en relief, à sa place, tout porte. A peine la route s'ouvre, et le magistrat entrevoit le but. Son opinion se forme insensiblement. La discussion ne fera que l'affermir et la fixer plus avant dans sa conscience.

Que dis-je ? la discussion est quelquefois inutile. La cause exposée par M. Paillet paraît plaidée. Mais s'il discute, ne craignez pas que l'exposition ait épuisé ses ressources. Autant les faits ont paru clairs, concluants, autant les arguments surgissent neufs, nourris, décisifs. Ce qui n'était qu'esquissé se dessine et se grave. Les moyens, les preuves groupés avec art, fortifiés par une solide doctrine élèvent contre les attaques sûrement prévues de fermes remparts ; obstacles savamment gradués, reliés entre eux autour d'un point unique que M. Paillet choisissait d'un prompt coup d'œil comme le nœud de l'affaire, le siége de la plus vive attaque et de la plus âpre défense.

Même après la réplique, prévoyait-il un fait, un argument nouveau, défenseur vigilant, il intervenait dans le délibéré par une de ces notes échappées à sa plume facile et dont on ne sait ce qu'il faut le plus louer de la concision élégante du style ou de la solidité du fond.

D'autres mérites lui assuraient la faveur des juges. C'était d'abord une mesure exquise. Maître de lui, ne disant que ce qu'il voulait et ce qu'il devait dire, il imposait aux affaires les plus compliquées la précision qui était le propre de son talent. Rien de ce qui pouvait convaincre n'était omis ; mais, dût le client s'en irriter, toute considération étrangère se voyait impitoyablement bannie. On le savait et on écoutait de lui avec un même soin les moindres détails. On suivait aussi M. Paillet avec une confiance jamais troublée, parce que sa véracité n'avait jamais failli. A chaque fait il laissait son caractère ; il ne connaissait pas l'art pernicieux d'en altérer l'aspect dans les entraînements de l'audience ; l'amour du vrai le dominait au milieu des luttes les plus ardentes ; on sentait toujours battre sous sa robe

le cœur de l'honnête homme, et la sincérité qu'il recher-
chait pour elle-même devenait naturellement auprès du
juge « son plus sûr instrument de persuasion, l'arme la
plus redoutable de son éloquence[1]. »

La raison même ne doit pas dédaigner de plaire ; celle
de M. Paillet se revêtait sans effort des grâces du style.
Élevé dans le culte des lettres, il y puisait l'amour et le secret de la forme. Ce n'est pas qu'il fît parade à l'audience
de son intimité avec les grands prosateurs et les poëtes ; il
était assez riche de son propre fonds pour citer sobrement.
Mais une telle intimité donnait à sa parole comme à sa
pensée l'allure élégante de nos bons auteurs et cette mer-
veilleuse transparence de la belle langue française, si propre aux affaires. Elle lui permettait aussi de réveiller par
une réflexion ingénieuse, par une allusion délicate, par
une comparaison familière sans vulgarité, l'attention longtemps arrêtée sur des détails arides, et de prêter aux dé-
monstrations les plus ingrates ces formes vives qui savent
plaire et convaincre à la fois.

Enfin son attitude modeste et digne devant la justice,
son geste sobre mais varié, son visage expressif, élevé,
fidèle miroir de son âme, son regard doux et ferme, sa voix
habilement nuancée, tout concourait à faire de sa parole
une des plus sympathiques, des mieux écoutées, des plus
persuasives.

Sans doute, en l'entendant pour la première fois, un au-
diteur indifférent pouvait accuser son éloquence de tiédeur
et de timidité. D'autres savent mieux passionner un débat,
d'autres planent de plus haut sur leur cause ; celui-ci
lance des traits plus acérés ; celui-là poursuit ses dé-
ductions avec une plus inflexible logique. Mais chacun, au Palais, lui rendait le témoignage que de toutes
ces qualités, dont une seule constitue (si elle est parfaite)

____

[1] Boucher d'Argis.

un grand avocat, M. Paillet retenait une part assez large
pour lutter sans désavantage avec les puissants adversaires
que le barreau de Paris lui suscitait chaque jour. Toujours
spirituel et incisif, logicien habile, praticien consommé,
orateur pathétique quand la cause l'exigeait, il semblait
redoutable aux plus aguerris par le rare assemblage et l'é-
quilibre harmonieux de ces qualités si diverses. Sa réserve
même faisait sa force. D'ailleurs M. Paillet ne plaidait ni
pour la foule, ni pour le client, ni pour lui-même; l'œil
sur le but, il visait uniquement à l'esprit du juge. Et si
l'éloquence du barreau n'est pas « le corps qui parle au
corps, » mais l'art de persuader les esprits par la parole,
vous, nos maîtres, qui avez combattu trente années et qui
combattiez naguère encore à ses côtés, vous les meilleurs
juges de vos confrères, j'ose ici vous appeler en témoignage, qui plus que lui fut éloquent?

L'instinct public ne s'y trompait pas. Aucun grand débat civil ne s'est agité depuis vingt ans, que M. Paillet n'y
ait tenu dignement sa place. Les énumérer tous ici serait
impossible. Rappeler seulement les plus célèbres semble
une tâche ingrate et stérile. Que servirait en effet de réveiller des passions depuis longtemps éteintes? Quel éclat
le pâle reflet de plaidoiries jadis si brillantes ajouterait-il
au nom de M. Paillet? Encore si nous pouvions le faire
parler lui-même; mais sa modestie nous a refusé ce bonheur. Jamais il n'a tenté d'assurer à ses œuvres, fruits de
l'improvisation[1], une célébrité posthume, disant que la
renommée de l'avocat est viagère, et que la sienne ne lui

---

[1] Comme Pitt et d'autres orateurs célèbres, M. Paillet avait imposé
de bonne heure à sa parole et il lui commandait toujours, même
dans l'intimité, la précision et l'élégance, charme de ses improvi-
sations. Il plaidait sur notes et n'écrivait en entier que quelques
péroraisons et quelques exordes, à l'exemple de Démosthènes et de
Cicéron.

survivrait pas. Sans doute il ne le prévoyait pas alors, que l'Ordre veillerait mieux que lui sur sa mémoire, et que deux ans après sa mort, le barreau tout entier, recueilli devant son image, ému par le souvenir toujours vivant de son éloquence, donnerait à son humilité un pieux et solennel démenti !

Absorbé par une immense clientèle civile, M. Paillet parut rarement à la cour d'assises. Cependant l'autorité de son nom était telle que la plus retentissante affaire criminelle du dernier règne lui fut confiée. Vous avez tous nommé, Messieurs, l'affaire Lafarge, dans laquelle on vit une femme de naissance, d'éducation distinguée, d'un esprit supérieur, se débattre plusieurs mois, aux yeux de l'Europe attentive et partagée, sous le poids de deux accusations formidables. M. Paillet, alors bâtonnier, les combattit pied à pied. Secondé par deux jeunes et dès lors célèbres avocats de Limoges[1], il put isoler les débats sur l'empoisonnement de l'examen du vol, que le ministère public voulait y joindre[2]. Sur le terrain limité de l'homicide il eut encore à lutter contre des charges accablantes, contre une expertise dont le résultat, qui semblait devoir absoudre l'accusée, la confondit. Ses généreux efforts ne lui sauvèrent que la vie.

Même dans les plus émouvants débats, la modération était son arme favorite. A des accusations ardentes il opposait une défense mesurée ; modération habilement cal-

---

[1] MM. Bac et Lachaud.

[2] Madame Lafarge était accusée d'avoir empoisonné son mari, on le sait, et d'avoir soustrait des diamants de haut prix à la famille de Nicolaï. Deux expertises faites, l'une avant, l'autre pendant les débats par des chimistes de Tulle n'avaient signalé d'arsenic que dans les résidus des remèdes absorbés par Lafarge. M. Orfila, appelé par la Cour vers la fin du procès, sur la demande de l'accusation, en découvrit des traces notables dans le corps de la victime à l'aide de l'appareil, depuis lors fameux, de Marsh (1840).

culée et non froideur impuissante, car sa parole a pu s'élever jusqu'aux inspirations de la plus haute éloquence ; témoin cette péroraison entraînante, où, les révélations de Quénisset à la main, il donnait aux rois et aux peuples de prophétiques enseignements[1].

Quénisset, bien qu'il ait comparu devant une cour exceptionnelle, n'était point un homme politique, mais un assassin. A vrai dire, M. Paillet n'aborda qu'une cause politique, le procès du pont des Arts[2]. Au milieu des passions mal apaisées de 1830, le jeune avocat éleva avec succès une voix impartiale. Depuis lors il se voua tout entier au patronage des intérêts privés.

Je me trompe, Messieurs, une autre enceinte devait nous disputer M. Paillet.

Plusieurs Cours de province avaient goûté sa parole. Ses consultations si nettes, si concluantes, si substantielles, réclamées de tous les points du royaume et reçues avec une déférence toujours croissante, l'avaient constitué par la solidarité du savoir membre de tous les barreaux de France. La presse judiciaire rendait chaque jour témoignage de son talent et de sa haute situation dans l'Ordre. — Épris d'une si belle renommée, les électeurs de Château-Thierry, son pays natal, et ceux de la Rochelle, qu'il n'avait jamais visités, lui confièrent spontanément en 1846 la défense de leurs intérêts à la chambre. Député, par son choix, de Château-Thierry jusqu'en 1848, représentant du même collége à l'Assemblée législative, dans cette nouvelle mission il ne vit « qu'une cause de plus à défendre, celle du

---

[1] 11 décembre 1841. *Voyez* à la fin du discours, note *A*. — Dans le plaidoyer pour Papavoine, on avait remarqué entre autres mouvements celui-ci, qui est resté populaire au palais : « J'entends encore une objection : pourquoi frapper des enfants plutôt que des grandes personnes ? Et moi, je dis à la foudre : pourquoi as tu frappé tel édifice plutôt que tel autre ? »

[2] Avril 1831.

pays[1]. » Sous tous les régimes, il donna l'exemple de la droiture, de la modération, de l'abnégation et de l'indépendance; il demeura fidèle à un noble et grand principe : l'ordre dans la liberté ! Chaque fois qu'il éleva la voix devant la mobile assemblée, il sut fixer et charmer son attention[2]; ses travaux législatifs presque tous consacrés à des questions juridiques[3], portent comme toutes ses œuvres l'empreinte d'une raison supérieure. Mais il ne se livra jamais qu'avec réserve à la politique. Le sentiment qui le retenait, vous l'avez compris et apprécié, mes chers confrères : il ne voulait pas même être tenté de dépouiller un moment sa robe.

Tel fut l'avocat à la barre, le législateur. Toutefois ceux qui l'entendaient à l'audience ou à la tribune ne connaissaient qu'imparfaitement cette riche nature. Sa parole, quelque séduisante qu'elle parût, n'expliquait pas seule son élévation. Si les suffrages de ses confrères se confondaient depuis longtemps unanimes sur le nom de M. Paillet, c'est que chacun ici lisait tous les jours dans son âme.

Ceux qui se mesuraient avec lui, jeunes ou anciens, obscurs ou illustres, l'avaient vu dans la lutte ferme sans dureté, ironique sans amertume, incisif sans méchanceté, courtois, modéré, loyal. Ils l'avaient vu après le combat, quelle qu'en fût l'issue, le front serein, esquiver la louange, vanter son adversaire, l'encourager au besoin, n'oublier rien si ce n'est sa propre gloire.

[1] M. Dupin aîné; discours prononcé à Aix (3 juillet 1836).

[2] Le discours par lequel M. Paillet débuta à la chambre des députés (21 avril 1847), où il plaida la cause victorieuse depuis des incompatibilités électorales, est un modèle de finesse et de raison.

[3] Projets de loi sur la vente publique des fruits pendants par racines, — sur le délit d'usure, — sur la réforme hypothécaire, — sur la révision du chap. III du Code d'instruction criminelle.

Ceux qui l'approchaient hors l'audience le trouvaient digne et réservé, mais affectueux, de facile accès, dévoué, toujours prêt à éclairer leurs doutes ou à consoler leurs infortunes.

Ceux qu'un arbitrage amenait devant lui admiraient son art de calmer les esprits aigris et de concilier les intérêts opposés, sa patience à écouter les plaintes, sa circonspection avant le jugement, la haute impartialité de ses sentences.

Le jeune barreau enfin se rappelait de quelles vives paroles il appréciait ses efforts aux conférences, avec quelle sollicitude il épiait le talent, comme il louait avec grâce, de quelles délicatesses de pensée et de langage il adoucissait l'amertume de la critique. Il savait que même après son bâtonnat, dans le Conseil, chez lui, M. Paillet continuait ce patronage, tradition précieuse qui tout en préparant les voies à la jeunesse, unit deux âges extrêmes dans un touchant commerce de bienveillance et d'égards, d'affabilité et de respects.

Bonté, modestie, aménité, dévouement, droiture, voilà donc les vertus que ses confrères chérissaient en M. Paillet. Ils n'estimaient pas moins son zèle chaleureux pour la profession. L'amour de son état c'était sa devise, non pas une devise stérile, mais le mobile fécond de toute sa vie. Débutant, il lui demandait « cette résolution immuable qui triomphe des ennuis d'un long apprentissage. » — Avocat illustre, il y puise « ce sentiment du devoir, » et cette courageuse indépendance « si nécessaire à l'avocat dans les conjonctures délicates [1]. » — Bâtonnier, il l'exalte dans une élégante harangue à ses jeunes confrères. — Député, il s'en fait un refuge contre les séductions et les promesses de la vie publique.

« Ma profession, disait-il, je l'aime comme on aime sa

[1] M. Paillet. Discours prononcé à l'ouverture des conférences (23 novembre 1839).

mère, — je ne m'en séparerai jamais[1]. » Aussi la voulait-il respectée, digne et pure comme une mère. Dès 1828 il réclamait, avec deux cents confrères de Paris, l'élection directe du conseil et la suppression des entraves imposées à la plaidoirie par un pouvoir ombrageux[2]. — En 1834, il rehaussait dans un mémoire collectif la dignité blessée du barreau[3]. — Sous la République enfin, lorsque la patente, souvent conjurée, reparut contre l'ordre plus menaçante que jamais, M. Paillet la combattit avec énergie. Un jour, devant le chef de l'État, il raillait finement cet impôt matérialiste qui confond dans une égalité toute fiscale les professions les plus disparates : «Rassurez-vous, monsieur Paillet, dit le prince, la taxe ne peut vous ruiner, elle n'est pas proportionnelle au talent[4]. »

L'ardeur qu'il apportait au soutien de nos prérogatives n'altérait en rien ses rapports avec la magistrature. Pour lui, les magistrats c'était la loi vivante. Jamais il ne manquait de rendre hommage à leur intégrité et à leurs lumières, soit que dans les débats criminels il eût le périlleux honneur de lutter contre la magnifique éloquence de M. l'avocat général Plougoulm[5], soit que plaidant devant le siége vide du premier président Séguier, il saluât d'un touchant adieu l'un des grands noms de la magistrature

---

[1] *Journal des Débats*, 6 juillet 1842.

[2] Ordonnance du 20 novembre 1822, réformée par l'ordonnance du 27 août 1830.

[3] Mémoire pour les avocats de Paris, février 1834.

[4] La taxe est proportionnelle au loyer (1. 5-22 mai 1850).

[5] Affaire Verninhac Saint-Maur (avril 1836). La même année la succession du célèbre financier Séguin souleva un procès criminel qui absorba dix-huit audiences. M. Plougoulm occupait le siége de l'avocat général, M. Paillet parlait au nom des parties civiles, et M. Ph. Dupin à la tête des défenseurs. L'importance de l'affaire, le nom des parties, surtout le talent des orateurs élevèrent ce débat à la hauteur des plus grandes luttes judiciaires.

française[1]. Ne témoignait-il pas aussi sa déférence à la justice quand il se présentait toujours armé, toujours prêt, ne demandant à différer la lutte que devant les exigences, sacrées pour lui, de la confraternité?

En retour les magistrats lui accordaient estime profonde, confiance, égards, sympathie. Ils lui savaient gré surtout à lui avocat célèbre, à lui chargé d'un fardeau sans cesse plus pesant, de ne jamais se fier à sa seule expérience.

Voulez-vous en effet le voir dans le plein éclat de sa gloire, comme aux premiers jours, étudier une cause? Le voilà dans son cabinet assis en face du client. Il l'écoute dérouler confusément ses griefs. Dès qu'il a saisi, il s'établit juge : le procès lui semble-t-il injuste, il le refuse; l'accepte-t-il, il soulève à dessein mille objections... le plaideur répond. — A l'instant ses réponses sont réfutées, — le plaideur s'étonne, il croit voir non un défenseur, mais son adversaire en personne; dans son trouble il se livre tout entier. Il sort enfin inquiet, incertain du succès, ébranlé même dans sa confiance. — Cependant M. Paillet a observé son attitude et noté ses réponses. Resté seul, il explore une à une toutes les pièces, sachant que « celui qui voit tout abrége tout[2], » il rapproche les faits, les dates, les arguments qu'un travail intérieur concentre et classe. Enfin le plaidoyer a pris forme dans son esprit. Sur des notes, vrais chefs-d'œuvre, il en a tracé d'un seul jet la marche avec une précision savante. C'est une ébauche; mais vienne l'audience! et sous sa parole comme sous un pinceau magique elle surgira brillante de forme, de couleur et de vie!

On le pressent, de telles préparations imposaient à M. Paillet des travaux formidables. Il y suffisait par une application incessante. Levé avant le jour, il donnait à l'étude tout le temps que lui laissaient les clients, le palais.

---

[1] Journal le *Droit* (8 août 1848).
[2] Montesquieu.

les devoirs du monde et de la famille. Ces devoirs mêmes, que quelques hommes sacrifient à la gloire, il leur faisait une large place dans sa vie.—Chaque soir, pendant qu'une lampe solitaire éclairait ses veilles, des amis peuplaient sa maison. Réunis autour de sa femme et de ses enfants[1] dans une pièce voisine, ils le voyaient même dans les plus soucieuses journées venir à eux, par intervalles, le visage souriant, l'air affable, et après quelque causerie familière, quelque saillie ingénieuse, retourner sans bruit à l'œuvre.

L'hospitalité que M. Paillet pratiquait royalement à la ville faisait les délices de ses vacances à la campagne. Plus libre alors, son esprit s'abandonnait avec bonheur aux effusions d'une douce intimité. Chaque année les premiers jours de septembre le ramenaient avec quelques amis, presque tous ses confrères, vers le ciel natal. Sous les ombrages de Belleau[2], il se délassait à l'air pur, la promenade, la chasse, la vue riante de la verdure et des eaux vives. Mais une oisiveté de deux mois aurait trop pesé à son ardente nature. Là encore, il étudiait tandis que son parc, comme à Paris son salon, s'animait d'une société amie. Retiré dans sa bibliothèque, il relisait ses chers classiques, Tacite, Perse, Juvénal, Horace et Virgile qu'il savait par cœur, Racine, Molière, inimitables génies, La Fontaine, comme lui enfant de la Champagne[3]. Il n'en suivait pas moins avec intérêt le mouvement de la littérature contemporaine; aucun livre, même futile, ne soulevait la vogue à son insu. Mais il revenait toujours aux grands modèles et après avoir payé son tribut d'éloges au brillant auteur de *Notre-Dame*

---

[1] M. Paillet a laissé deux enfants de son mariage avec Mlle Paroisse, fille d'un médecin du roi Joseph : Mme Poyet, mariée à un avocat distingué du barreau de Paris, et M. Eugène Paillet, avocat au même barreau, ancien secrétaire de la conférence.

[2] Petit village voisin de Château-Thierry (Aisne).

[3] La Fontaine est né à Château-Thierry qui lui a élevé une statue.

de Paris, il écrivait au bas de l'œuvre : « En somme j'aimerais mieux avoir écrit trois chapitres de *Gil Blas.* »

Malgré l'immensité de ses lectures, malgré la facilité et l'élégance de sa plume, M. Paillet ne devait laisser aucun ouvrage[1]. Peu porté vers les abstractions de la science pure, il cherchait avant tout l'application et la fin des choses.

D'ailleurs dans l'entraînement des affaires pouvait-il recueillir assez longtemps sa pensée ? Même pendant les vacances les clients troublaient sa retraite. Ils y accouraient des extrémités de la France, de l'étranger, sollicitant un mémoire, un avis, un mot, car ce mot valait des mémoires. Son cabinet s'ouvrait aussi à des confidences plus humbles ; c'étaient les pauvres gens du pays qui lui demandaient aide et conseil. Jamais ils ne le quittaient sans une bonne parole et sans un utile secours. Aussi lui avaient-ils voué un culte. Possesseur du château antique, respecté, chéri du peuple, M. Paillet semblait vraiment le seigneur de Belleau, — il l'était du moins par droit de bienfaisance.

Ainsi s'écoulaient ses loisirs entre un travail tempéré, la pratique du bien, les joies de la famille et de l'amitié ; et quand se rouvraient les luttes judiciaires, il y rentrait plus actif, mieux préparé. Sous l'action d'un labeur continu sa dialectique devenait chaque année plus nerveuse, son ironie plus grave, ses accents plus pathétiques[2]. Mais de tels

---

[1] Pendant les premières années de son séjour à Paris il avait entrepris un traité sur la contrainte par corps ; plusieurs lois rendues depuis lors sur cette matière auraient beaucoup affaibli l'intérêt de ce travail, si M. Paillet l'eût terminé. Quelques personnes étrangères au palais, confondent M. *Paillet,* de Paris, avec M. *Pailliet,* d'Orléans, auteur d'ouvrages de droit, notamment d'un *Manuel de Droit français* (1820).

[2] Cette opinion partagée par tous les appréciateurs compétents du talent de M. Paillet, a été indiquée par M. Bethmont dans l'éloquent adieu qu'il adressait, comme chef de l'ordre, à la tombe de son confrère, le 20 novembre 1855.

progrès usaient son corps. Depuis trois ans il faiblissait sous le mal ; tous s'alarmaient, lui seul, infatigable, ou plutôt toujours prodigue de ses forces, poursuivait sa tâche avec une fiévreuse ardeur.

En 1855, après les vacances, il revint de Belleau le visage altéré par la souffrance. Son regard, son attitude trahissaient par intervalles comme des présages de mort. En vain ses parents, ses amis le suppliaient de raviver dans le repos une santé si précieuse. « Non ! répondit-il avec un mélancolique sourire, je mourrai dans ma robe ! »

Le vendredi 16 novembre sa famille se préparait à fêter le cinquante-neuvième anniversaire de sa naissance. Il l'avait quittée le matin comme de coutume pour se rendre au Palais. A l'ouverture de l'audience, il se présente en robe devant le tribunal. Trois affaires sont retenues sous son nom à la même chambre ; il y reste, il entend son premier adversaire[1]. Puis il se lève et commence à plaider. C'est bien la précision, la clarté, la grâce du maître... tout à coup le public s'étonne... les juges s'émeuvent... cette voix toujours si nette a balbutié, ce front si pur se couvre de nuages, cette intelligence si vive s'obscurcit !... un frisson d'épouvante parcourt l'auditoire... l'avocat parle, mais sa main écarte de son visage comme un voile importun... sa langue s'embarrasse... il lutte, haletant... dans un suprême effort il veut achever... le voilà qui chancelle, s'affaisse et tombe murmurant ses dernières paroles aux pieds de la justice !

On doute encore. Les magistrats sont descendus de leur siége. L'amitié, la science s'empressent autour de cette vie défaillante... secours inutile ! vaine espérance ! le soir, à l'heure marquée pour la fête, la famille éplorée gémissait sur un cercueil !

---

[1] M. Henri Celliez, à la première chambre présidée par M. Debelleyme.

Le lendemain, vous vous en souvenez, Messieurs, ce fut un deuil public. — Devant la funèbre nouvelle tous les bruits du monde se sont tus. Dans Paris, au Palais, près de la demeure désolée, l'étranger voyant une foule en larmes demandait si quelque fléau frappait la cité. La justice suspendit son cours, et quand les voûtes du Palais ont répété : Paillet est mort ! la douleur publique a répondu : « C'est une perte irréparable[1]. »

Du moins chacun voulut honorer dignement sa mémoire. Ne résumaient-elles pas sa vie entière ces funérailles mémorables où derrière le corps de l'avocat enveloppé dans sa robe[2] se pressaient à pied le barreau avec ses insignes, les dignitaires, les magistrats, les maîtres de la tribune et de la presse, les illustrations littéraires, scientifiques, commerciales, industrielles, les pauvres... tout ce que M. Paillet avait aimé, cultivé, protégé, lui faisant cortége sous un ciel morne et triste, à travers les rues silencieuses jusqu'à la paix de sa dernière demeure ; honneurs spontanés, hommage réglé par le cœur, solennité simple et grande comme celui dont elle illustrait le souvenir !

Ah ! c'est alors vraiment qu'a commencé son éloge ; c'est alors que cette voix confuse de l'opinion qui vante tout bas les vertus des vivants, a fait explosion sur sa tombe à peine fermée ! Les chefs de l'Ordre ont voulu tenir désormais leur conseil comme sous la présidence de sa chère image[3]. Soissons, sa ville natale, dont il était l'orgueil, a formé le

[1] Paroles prononcées par M. le premier président Delangle, à l'audience du 17 novembre 1855.

[2] Selon son vœu, M. Paillet avait dit : ma robe me servira de linceul.

[3] Le buste de M. Paillet, qui est placé sur la cheminée de la salle du conseil à côté de celui de Ph. Dupin, est dû à Pradier ; il a été donné à l'Ordre par la famille Paillet. La bibliothèque des avocats ne compte, outre ces deux bustes, que ceux de Cochin, de Gerbier et de Tronchet.

vœu d'élever un monument public à sa mémoire. Puisse une si noble pensée être accueillie, et la France qui dresse des statues à tant de guerriers moissonnés dans de sanglants combats, puisse-t-elle, amie de toutes les gloires, saluer bientôt l'avocat intègre mort au champ de ses paisibles travaux !

Mais les figures, les inscriptions, toutes glorieuses qu'elles soient, ne triomphent pas de l'oubli ; le marbre et l'airain périssent comme les traits qu'ils reproduisent ; ce qui survit, c'est le souvenir du talent et de la vertu, c'est la mémoire des bienfaits.

A ce titre, le nom de M. Paillet est impérissable. Un jour, affaibli par l'étude, pressentant peut-être sa fin hâtive, il voulut jeter sur la carrière parcourue un regard d'adieu. Dans quelques lignes, reflet de sa belle âme, il rappela ses sentiments envers ses confrères et la magistrature, il pardonna « aux ingrats qu'il avait pu faire, » il se rendit à lui-même le précieux témoignage que « l'unique source de sa fortune était le tribut tout volontaire et tout spontané de ses clients [1]. » Puis cette fortune, fille du travail et de la probité, il en régla, pour tous ceux qu'il aimait, le partage. Eh bien ! mes chers confrères, en ce moment suprême la jeunesse du stage occupait sa pensée : il nous fit ses légataires. Tous les deux ans nos efforts recevront de lui leur encouragement et leur récompense [2].

Avocats du stage ! c'est à nous de garder pieusement sa mémoire ; à nous ses enfants d'adoption, de perpétuer autour de son nom un culte filial. Que sa pensée plane au milieu de nous ; que sa vie nous soit toujours un cher entretien. Ainsi transmise aux générations qui se succéde-

---

[1] « Nommer Paillet, c'est nommer le désintéressement, » a très-bien dit M. le bâtonnier Liouville, dans son discours de rentrée de 1856, véritable manuel des jeunes avocats (voy. à la fin note *B*).

[2] Voy. note *C*.

ront dans ce Palais, elle pourra défier le temps ; elle prendra place dans les traditions les plus pures et dans l'histoire la plus reculée du barreau. Par là, mes chers confrères, nous acquitterons en partie la dette de la reconnaissance. Mais cette vie ne saurait être offerte à notre jeunesse sans profit pour elle; lorsque comme nous on a le bonheur de toucher à de tels exemples, ce n'est point assez de les admirer et de les répandre, il faut les imiter ! Suivons-le donc, dans la mesure de nos forces, cet esprit d'élite qui grandissait en présence des difficultés, et qui s'éleva toujours à la hauteur de la tâche entreprise; suivons ce lutteur infatigable qui ne se reposa jamais sur sa riche nature, et qui féconda jusqu'à la dernière heure par le travail les dons précieux que Dieu avait mis en lui... Et si, moins heureux, nous ne pouvons atteindre aux cimes que son éloquence lui rendait accessibles, du moins chacun ici peut se proposer ses vertus pour modèle. Il le disait et il l'a souvent prouvé, Messieurs, le caractère de l'avocat remporte auprès des juges autant de victoires que son talent ; modeste et bon, il eut pendant trente ans tous les jours des adversaires, jamais un ennemi ; désintéressé, loyal, hospitalier, il répandit sa fortune en œuvres généreuses ; — ami de la vérité et de la justice, il écouta toujours les conseils d'une conscience sévère ; — fidèle enfin à la profession dont nous avons l'honneur de porter les insignes, il voulut vivre et mourir avocat... Voilà ce que nous pouvons imiter en M. Paillet, voilà par où sa vie doit nous être à tous un utile enseignement et un profitable exemple !

NOTES.

A. Page 17. *Affaire Quénisset,* 11 décembre 1841 (péroraison conforme aux notes de la main de M. Paillet).

« Les révélations de Quénisset à la main, je dirai d'abord à
ceux qui nous gouvernent : avant tout, songez aux classes ouvrières ;
écoutez leurs plaintes, leurs vœux légitimes. Qu'elles soient cons-
tamment l'objet de votre sollicitude, de votre zèle, de vos soins
empressés, de votre protection paternelle ; redoublez d'efforts pour
les moraliser, pour améliorer leur condition, pour assurer leur
bien-être. Car c'est à ce prix seulement que vous accomplirez votre
tâche la plus sacrée, en même temps que vous neutraliserez les in-
fluences de ces agents de désordre qui spéculent sur leur ignorance
et leur misère !

» Les révélations de Quénisset à la main, je dirai aux indifférents,
à tous ceux que divisent seulement des nuances d'opinion sur les
hommes et sur les choses : ne comprenez-vous pas maintenant la
situation ? Ne comprenez-vous pas la nécessité de vous unir et de
fondre dans l'intérêt national ces dissidences politiques plus appa-
rentes que réelles, mais à l'ombre desquelles se cache et grandit
chaque jour une autre question d'une bien autre importance : la
question sociale.

» Toutefois à ceux que ces tristes spectacles découragent outre
mesure et qui seraient tentés de désespérer de la chose publique, je
leur dirai : Rassurez-vous, le mal est grand, sans doute, et jamais
l'union et la vigilance des bons citoyens ne furent plus nécessaires.
Mais par les révélations de Quénisset, il nous a été donné de pénétrer dans ces associations menaçantes, de voir de près leurs
hommes et leurs ressources, et, grâces au ciel, l'édifice de nos
institutions n'est pas à ce point chancelant et décrépit qu'il doive

s'écrouler devant des recrues de l'émeute et des tribuns de cabaret.

» Enfin, toujours armé des révélations de Quénisset, je m'adresserai à tous ces ouvriers honnêtes qui abondent dans nos grandes villes et je leur dirai : ouvrez les yeux et voyez de quel côté sont vos ennemis !

» Vos ennemis, croyez-moi, ils ne sont pas dans cette bourgeoisie que l'on calomnie systématiquement à vos yeux et où vous pourrez reconnaître tant de noms sortis de vos rangs.

» Vos ennemis ne sont pas ces pères de famille laborieux qui ne doivent leur aisance qu'à leur travail, à leurs habitudes d'ordre et d'économie, qui vous ont montré le chemin par leurs exemples, heureux quand ils peuvent, en vous tendant la main, vous aider à le parcourir à votre tour...

» Vos ennemis véritables, ce sont ces hommes qui vous bercent de folles espérances, qui font briller à votre imagination éblouie un état de choses qu'ils savent impossible, qui vous promettent par exemple des *ateliers nationaux* où l'on ajouterait au salaire tout ce que l'on aura ôté à la durée du travail.

» Vos ennemis véritables sont ceux qui par leurs intrigues et leurs prédications incendiaires écrites ou parlées, entretiennent au sein du pays un état de perturbation incompatible avec tout progrès utile, toute amélioration réelle.

» Vos ennemis sont ceux qui vous arrachent à vos familles pour vous affilier à ces associations ténébreuses où vous rencontrez sur le seuil et comme condition première de votre initiation un serment horrible, impie, se résumant dans l'alternative de donner la mort ou de la recevoir.

» Vos ennemis sont enfin ceux à qui six semaines suffisent pour *pétrir* leurs adeptes et les façonner à leurs desseins sanguinaires et faire d'un ouvrier honnête et laborieux un fanatique et un assassin.

» Ceux qui vous entraînent dans leurs manifestations à main armée.

» Ceux qui vous poussent dans ces voies criminelles où vous ne trouverez, je vous le prédis, d'autre issue que l'anarchie par l'assassinat, ou le déshonneur par l'échafaud.

» Voilà, Messieurs les pairs, sous quel point de vue j'envisage les révélations de Quénisset.

» Voilà quels enseignements salutaires nous devons tous y puiser.

» Voilà comment elles me paraissent véritablement s'élever à la hauteur d'un service rendu à la chose publique.

» Et comment, par une sorte de compensation équitable, elles recommandent celui qui les a faites à toute votre humanité et à toute votre clémence.

» Que si ma voix était impuissante dans cette enceinte; si elle devait s'y briser contre les tables de la loi ; eh bien ! je dirais à cet homme de ne pas désespérer encore; j'oserais lui promettre d'autres défenseurs plus éloquents et plus heureux devant un autre tribunal.

» Ces défenseurs, quels sont-ils ? vous les avez nommés, Messieurs les pairs ; ce sont ces jeunes princes eux-mêmes contre lesquels il a bien pu diriger son bras quand il ne les connaissait pas encore, mais qu'il connaîtra bientôt à la manière dont ils se vengeront de lui. Oui, j'en ai l'espoir, ce sont eux qui plaideront en sa faveur avec cette autorité et ce droit que donne en quelque sorte le danger personnel auquel ils ont échappé. Ils nous prouveront qu'ils partagent les sentiments d'humanité et de philanthropie de leur père, comme ils partagent avec lui cette protection providentielle qui l'a tant de fois déjà soustrait aux balles des assassins.

» Voilà, Messieurs les pairs, à quels autres avocats dans mon impuissance, je léguerai à mon tour le client que vous m'avez donné.

B. Page 26. *Désintéressement de M. Paillet.* Citons un exemple entre mille autres.

« Un riche client envoie à Paillet les pièces d'une affaire très-importante. Huit jours après il arrive pour s'entendre avec lui sur sa défense. « Votre procès, lui dit Paillet, est mauvais, et je ne puis m'en charger. » Le plaideur est d'abord interdit ; il semble ne pas comprendre qu'un avocat refuse une occasion de gagner de l'argent. Mais bientôt se rassurant, il prend le dossier, fait semblant de le feuilleter comme s'il y cherchait quelques raisons en faveur de sa cause, et y glisse, de manière à être vu, dix mille francs en billets de banque. Après quoi, le rendant à Paillet : «Veuillez donc, je vous prie, revoir ce dossier ; j'ai la conviction, qu'en l'étudiant derechef, vous y trouverez du nouveau et que vous me défendrez. » Alors Paillet, avec son fin sourire : «Je ne sais pas ce que je pourrais trouver de nouveau dans les pièces ; mais comme il n'y a rien de nouveau dans l'affaire depuis que je vous ai donné mon avis, permettez-moi de m'en tenir à mon premier examen. »

(Félix Liouville, bâtonnier, discours prononcé à l'ouverture
des conférences, le 22 novembre 1856, page 50, note 1re).

C. Page 26. *Testament de M. Paillet en faveur des avocats stagiaires.*

« Je soussigné, Alphonse-Gabriel-Victor Paillet, avocat à la cour d'appel de Paris. ancien bâtonnier, déclare par mon présent testament léguer à l'Ordre des avocats à la cour d'appel de Paris, un capital de 10,000 fr. qui sera versé sans formalités entre les mains du trésorier, et dont je prie le conseil d'employer le produit annuel à récompenser et encourager en cadeaux de livres ou autrement, celui ou ceux des avocats stagiaires qui lui paraîtraient avoir le plus de droit à cette distinction, m'en rapportant d'ailleurs entièrement à sa prudence pour donner à cette disposition l'exécution la plus utile et la plus convenable.

» PAILLET. »

» Paris, ce 3 avril 1852. »

Le Conseil de l'Ordre a décidé que le prix institué par M. Paillet serait distribué tous les deux ans, soit un revenu de 1000 fr. (arrêté du 4 décembre 1855).

Les deux premiers lauréats désignés par le conseil, sont M. Beaupré, ancien secrétaire de M. Paillet et de la conférence des avocats, et M. Achille Delorme, secrétaire de la conférence; ils ont reçu le prix des mains de M. le bâtonnier Liouville, le 28 novembre 1857, jour où l'éloge du fondateur a été prononcé.

FIN.

PARIS — Imprimerie A. WITTERSHEIM, 8 rue Montmorency.

9 782014 046878